Marie-Célie Agnant

Et puis parfois quelquefois...

MÉMOIRE D'ENCRIER

Mise en page : Virginie Turcotte
Illustration : Étienne Bienvenu
Maquette de couverture : Johanne Assedou
Dépôt légal : 4e trimestre 2009

Catalogage avant publication de Bibliothèque et Archives nationales du Québec et Bibliothèque et Archives Canada

Agnant, Marie-Célie
Et puis parfois quelquefois--
(Poésie ; 27)
ISBN 978-2-923713-15-1
I. Titre.
PS8551.G62E8 2009 C841'.54 C2009-942215-8
PS9551.G62E8 2009

Nous reconnaissons le soutien du Conseil des Arts du Canada.

Mémoire d'encrier
1260, rue Bélanger, bureau 201
Montréal, Québec,
H2S 1H9
Tél. : (514) 989-1491
Télec. : (514) 928-9217
info@memoiredencrier.com
www.memoiredencrier.com

Et puis parfois quelquefois...

Introduction

À mon ami Thomas Spear,
je dédie cet ouvrage.

Parce qu'en héritage on reçoit la part la plus pauvre du monde et la colère, on se barricade pour survivre derrière les mots. La poésie, dire d'un instant pour traquer l'indicible, les spectres et les silences, crever les bulles, débloquer les peines, cautériser les plaies, s'assurer qu'elles se cicatrisent. On appelle la poésie à la rescousse pour tout cela mais aussi parce qu'on s'accroche à ce qui fait qu'on se prétend humain, comme ce cœur qui continue à s'émouvoir devant la beauté, s'affole et se cabre face à l'injustice.

Pourquoi la poésie ?

Pour apprivoiser la parole, repousser les marges, affronter les cris. Jeu de questions et de réponses, la poésie à laquelle je suis arrivée à l'adolescence, l'âge des tourments, m'offre l'occasion de comprendre ce qui fut, de tout disséquer, tout placer à la distance nécessaire tels des petits coffrets rangés dans une niche. Théâtre où l'on est à la fois interprète et personnage, rite de réconciliation aussi, avec soi-même, avec le monde, pratique libératrice puisque l'on dit souvent ce qui ne se dit pas. Journal de bord, chronique familiale, sociale, album de souvenirs ? La poésie a fait de moi cette photographe de l'existence, de mon existence, je dresse des portraits, des esquisses, je peins, raconte et chante: espoirs et joies, amours et peines.

La poésie, pour nommer les choses qui n'ont pas de nom. Le texte « Ce fleuve entre elle et nous », écrit à l'occasion d'un hommage à Marie Uguay, cette grande dame de la poésie québécoise, m'a consolée de l'incommensurable tristesse ressentie en parcourant son œuvre si émouvante, journal de sa vie si brève. Le poème a le don de consoler. Les mots et la voix se transforment en cette main tendue sur l'épaule, cette rue familière où le coeur ne craint pas de s'attarder.

La poésie ? Une compagne, elle me tient la main sur le chemin et surtout, elle est un complément au désir de vivre.

Premier poème pour elle

elle se voulait aube elle se voulait printemps
elle se voulait le vent la pierre
et l'eau
mais elle n'était qu'un arbre qui guerroyait
contre ses branches
sa vie une horloge détraquée
une horloge immobile
à la fenêtre

elle pensait l'amour comme un dû
refusait d'admettre la fin du périple
sans enthousiasme elle murmurait :
« un temps pour chaque chose »
mais elle offrait toujours
elle offrait son cœur
comme paillasson ou crachoir
avec un sentiment de bonheur terrifiant

on lui disait mare
elle criait océan
mains tendues elle fonçait vers le rivage
ses bras griffaient le vide
pitoyable
elle s'affalait dans la vase

elle avait beau fermer les yeux
se persuader que les eaux étaient bleues
que les eaux étaient claires
ne remontaient en elle

que la certitude de sa faiblesse
l'amertume profonde de la honte
la douleur atroce du temps

l'eau calme doucement clapotait
elle s'asseyait
le visage ruisselant de larmes
l'air égaré
dans l'attente d'un miracle

elle craignait et haïssait surtout la tornade
désirs échevelés

fleuve en crue
qui débordait de toutes parts
en elle
malgré elle

pour ne pas perdre la face
alors
elle serrait les dents
gémissait simplement
gémissait
en se mordant les poings
gémissait doucement
telle une chienne blessée
pour quémander de minables caresses
une chienne
au pied de la table

depuis que ses cheveux avaient pris
cette teinte d'orage
elle avait perdu tous ses repères
comptait et recomptait sans cesse
le chapelet des années
buvait d'une eau privée de lumière
soufflant sans conviction
sur l'amadou d'une passion de venelle
une passion humide et terne

elle voyait une mare et
tout comme une idiote elle souriait
ses yeux se plissaient de plaisir
elle disait tendant les bras
allons à la mer voir les bateaux

elle ne perdait pas l'espoir
d'une grande traversée
rêvait de grand large
de marins courageux
elle plissait les yeux souriait
et ses cheveux de brumes
faisaient penser à un jardin en délire
le jardin d'une folle qui livre sa dernière bataille
persuadée que l'amour est un dû

Poème de mes sœurs

diseuses de bonne aventure les cloches sonnaient
les yeux fermés
je tourbillonnais
je valsais tout comme un elfe
je mimais
ma plus belle danse
pour toi
je dansais le premier jour de ma mort

petite fille en tutu rose
ballerine sous sa cloche de verre
je dansais
cette danse pour apprivoiser la mort à petit feu
celle qu'on nous enseigne dès le berceau
celle qui nous apprend l'âge de raison
l'âge de la mort
au bout des doigts
d'un homme

écolière timide au premier jour de classe
tirant de la langue
ahanant
suant
je dansais en m'appliquant
les cloches sonnaient

tu traquais mon regard
tu scrutais chaque battement de mes paupières
tu comptais mes palpitations

tu espionnais le rythme de mon souffle
au bout de tes doigts
j'avais l'âge de raison
j'avais l'âge de la mort
les cloches hurlaient

au milieu de la danse
je suis devenue la naïade
la fontaine
étalée
ouverte
nue
je précédais tes soifs
tu traquais mon regard
tu mesurais mes cils
tu occupais mes territoires
tu savais par cœur mes côtes
la distance
entre toutes les lignes de ma main
tu décryptais
jusqu'à la langue de mes pensées

j'avais reçu en héritage ma danse échevelée
des puzzles où manquaient tant de pièces
guerrière empotée
je n'avais que mon cri
ce cri muet
poitrine muette
mon cri
excisé

écharpé sous tes doigts
mon cri
incapable d'effrayer les chimères et les dragons

faut-il mourir
charpie
pour ne pas mourir
harpie
perdre
se perdre
quand on n'a le courage ni l'audace
de brandir le harpon

les cloches sonnaient jusqu'à me rendre aveugle

au bout de tes doigts
je ne vivais que pour ta pépie

sourde et aveugle
j'étais aussi le pot
mon seul et unique chemin
de la fontaine à tes lèvres
de tes lèvres à la fontaine
sourde
je n'entendais que les craquements affolés
de mon propre cœur
sourde
je ne percevais que les grognements de la bête
à jamais inassouvie
tintamarre
que mon cœur dément

confondait
avec les soupirs d'un amant

au bout de la danse
je n'étais plus qu'une femme
au bout de tes doigts

au bout de la danse
je suis devenue
passager clandestin de mon propre destin

c'est ainsi que l'on meurt
quand on devient femme
que l'on meurt
parce qu'on est femme
au bout de la danse
femme
au bout des doigts d'un homme
femme
au bout des doigts
d'un homme

Poème à ma fille

déjà affaissée par la charge des souvenirs
l'aube se lève à peine
ô mon enfant ma toute belle
horreur suprême que ce métier de femme

en ce temps pour chacals et lycaons
comment te guider
quand je ne sais moi-même le chemin
t'éclairer
moi
qui ai souvent pris le similor
pour un métal précieux
t'abriter
alors que mes bras se font trop courts
et que mon cœur défaille
sous la chape de plomb
larguée sur mes épaules par le temps

voici, voilà, ô ma fille
les oiseaux de proie battant le rappel

voici voilà
les reptiles
et le bruit des crécelles

une musique stridente
annonce la danse des crotales
de l'autour et de l'épervier

mon enfant trop belle pour ce temps de chacals
comment te dire
que nous parcourons le chemin
comme des naufragés
sans savoir où nous arrimer
que nous allons dans la vie
le cœur lourd mais combien vide
et que malgré tout
il faut savoir aimer
comment te protéger
quand mon amour lui-même devient impuissant

ô ma fille mon enfant
horreur suprême que ce métier de mère

l'aube se lève à peine
te voilà déjà
ployant sous l'atroce des souvenirs
trop belle pour ce temps de chacals
comment te secourir
quand je ne peux plus avaliser les mensonges
peindre et repeindre sans cesse
des jardins endormis
te dire que les ciels seront toujours bleus

comment te faire comprendre
que j'ai passé ma vie
toute ma vie
à étaler soigneusement les pastels
pour voiler la pourriture

te souviens-tu des petits mots d'amour glissés
au milieu de tes cartables de tes goûters
parchemins de tendresse jaunis
que tu conserves encore aujourd'hui
dans un tiroir entre les pages d'un cahier
te rappelles-tu ces émois

comment te dire qu'après cela
après cela, oui,
il n'y aura que la souffrance
la vérité
ou plutôt
ce qui lui ressemble
et
la logique des oiseaux de proie

ô mon enfant ma toute belle
la peur n'en finit plus
de grandir en moi
comment dire que l'espoir
ne suffit pas pour vivre
et que le désespoir
tue
t'expliquer que la souffrance
pure et silencieuse doit être
et que tu ne confieras ton désarroi qu'au fleuve
lui seul, entends-tu, lui seul,
emmène les choses loin
comme par hasard

comment te démontrer
que l'existence est courte
et la mort embusquée à tous les carrefours
grimace affreusement
pour te glacer les veines

ô ma jolie ma toute belle

j'ai beau étaler le tarot de ma vie
n'y apparaît que le funambule
banquiste grimaçant qui malgré sa volonté
tombe sans pouvoir se relever

j'ai beau prier, supplier, appeler
les divinités ne répondent pas
impassibles, elles demeurent
et ne laissent voix qu'au tumulte de la meute
à la fureur des bêtes folles
et ce torrent de misères
sur son passage arrache tout

comment te dire que certains jours
tu te sentiras sans défense
comme un ver de terre nue dans ta détresse
dire aussi que les chagrins
gardent leur sel pour toujours
comment te dire que certains jours
tu voudras être pélodyte
et t'enfoncer
t'enfoncer à jamais
au plus profond du ventre de la terre

pour les semer
au fond de la terre

la terre
ce qui reste quand on oublie tout
ce qui reste quand on n'a plus rien
elle seule te protègera
elle seule est d'éternité
et
malgré tout
il faut pouvoir aimer

Poème de la sorcière qui m'habite

une dague contre ma gorge
impitoyable
elle me provoque en duel
habile elle ajuste ma cuirasse
déjoue mes esquives
démantèle les coques
rompt les digues
puis
elle dirige les flots
recueille mes larmes et mes aveux
extrait les échardes
adoucit les grincements

l'œil aux aguets
la sorcière en moi
se souvient
et n'omet rien
dans une simplicité étonnante
elle réinvente mes ardeurs
rebaptise mes ports d'attache
de mes voiles d'organdi
elle tisse un manteau de colère
écumante et salvatrice

je suis sans recours
lorsqu'elle débusque mes monstres
les convie à la parade en plein jour
sans recours

lorsqu'elle dépoussière
les intonations déchirantes
de mes attritions rituelles
apaise
à coups de burin
mes peurs et mes doutes
et me rappelle

qu'une femme meurt
meurt
et meurt encore
pour renaître

autant de fois qu'il y a d'étoiles dans le ciel

la voix de ma sorcière
fureur implacable

parfois

rugit
me pourchasse de sa mitraille

longtemps j'ai feint de l'ignorer
reniant la connivence qui nous unit
timorée
j'allais sur la pointe des pieds
oscillant
titubant telle une soiffarde
réprimant
envie d'espace
faim de lumière

sa voix entêtante
ni hymne ni mélopée
ses chants obsédants
ni oracles ni blasphèmes
ses sentences
éloquence d'usage
paroles d'abondance
pour femme alchimiste

écoute, écoute, dit-elle, la fontaine
quand la fontaine en ton sein rit

ne te détourne pas des contradictions
ni des confrontations de tes cuisses
et
lorsque la fleur de tes mains sur les visages
ne laissera plus
qu'une traînée de poussière vague
et
quand toute la science de ton âme
et
toute la science de ton corps
ne seront plus
qu'histoires émouvantes

accueille à bras ouverts cette ultime déchirure
fais-en un trophée
le sommet du monde

Poème de ma mère

la vie avait jeté des paillettes
dans ses yeux
elle confondait dès lors le soui-manga et l'aigle
l'accolade distraite du pèlerin
aux fruits doux
qui auraient pu mûrir
 lentement
 longuement
dans les jardins
abrités par ses jupons d'antan

elle avait cru réinventer la roue, ma mère
mais sa gaieté ne faisait qu'ânonner
avec son balai elle dansait la polka
l'habillait d'un paletot et d'un haut-de-forme
lui faisait la révérence en lui disant :
« bonjour, Monsieur »
tandis que sa voix fêlée
se brisait
sur les murs d'un palais de vent

ma mère marchait dans la vie
comme un oiseau blessé bat de l'aile
toute musique pour elle
se limitait aux mélopées
de ses espoirs
fracassés contre sa couche
le cliquetis affolant la poursuivait sans cesse

comme le chant entêté
d'un squelette épinglé à son dos

elle avait les traits d'une Eurydice
fuyant la mort
ma mère
sur son chemin ni jardin ni fontaine
rien qu'une lune voilée et le sanglot splendide
du palais de vent qui s'écroule
et l'accompagne jusqu'à la fin de tout...

Poème de mon père

il est des pères debout
comme des cathédrales
des pères vigies
toujours présents
fidèles au poste

il y a des pères à l'abri dans un cadre
on les contemple avec attendrissement
ou en gonflant la poitrine
ils ne risquent pas de sombrer dans l'oubli

certains pères font penser à des oasis
d'autres ouvrent les bras et deviennent océan

il y a des pères sans histoire
sans autre secret
que celui de leur barbe
et des chemins
que connaissent leurs pas dans la nuit

il y a des pères comme des chameaux
sobres
patients
ils portent sans sourciller
l'univers entier
entre leurs bosses
généreux et courtois
ils s'agenouillent pour nous l'offrir

il est aussi des pères comme des girouettes
fumée que dissipe l'alizé le plus doux
brouillard
embrun
d'autres pères
d'un sourire
illuminent les grottes les plus sombres
et même le plumage des corbeaux

il est de certains pères comme des merveilles
on croirait, on dirait
qu'ils viennent vraiment des cieux

il y a des pères que l'on assassine en prison
ceux dont le sang
nourrit les fleurs qui égaient le printemps
il est des pères, ils sont légion
qui
de leurs ongles et de leurs mains nues
tirent du sol
le lait pour la soif des enfants
pour le pain quotidien
qui jamais ne tombe du ciel
ils vendent leur sang
prêtent leur force
bêtes de trait
dans un batey

il est des pères comme de faux poètes
ils réinventent les cités de béton ou de carton

transforment le chaos en berceuse et ritournelle
nos déconvenues
en hymne à la vie
ils nous décrochent la lune
nous offrent des bouquets d'étoiles
à chaque anniversaire

certains pères, d'un coup d'aile
dissipent nos peurs
d'autres
pour un oui ou un non
s'accroupissent au bord du chemin
et puis attendent et attendent
comme quoi la vie ne serait qu'une promenade

il y a des pères invisibles
ce sont les sosies des fantômes
d'autres marchent sur un fil et ne tombent
jamais
des pères d'estoc et de taille
il y en a
des pères tout court
aussi
qui construisent des pays
et pensent à demain
pour abriter les désirs des enfants
tandis que d'autres détruisent
à coups de bombes
à coups de mortiers et de fusils

moi j'ai un père colibri
élégant tel un page dans son plumage éclatant
les femmes se défont
comme l'écume sur son passage
tout comme des madeleines
elles se noient dans leurs larmes
en murmurant tout bas
de vaines prières à son intention
un point c'est tout

le secret de mon père est une braise
qui assassine le miel
et la blanche tourterelle
le secret de mon père est une image
un songe inhabitable
qui à toutes jambes
s'enfuit par la fenêtre close

il en est de mon père
comme du moulin à vent
et le temps ne sait pas jouer l'arbitre
lorsque s'enfuient les songes
le temps ne pardonne point
quand les fenêtres closes
claquent violemment

moi j'ai un père aux yeux de braise
tout comme le sont ses mains et ses pas
les yeux de mon père brûlent
le cœur des femmes

tout comme son secret
assassine le miel et la tourterelle

le secret de mon père est une image
un brouillard obstiné
un songe
qui s'enfuit à toutes jambes par la fenêtre close

il est des pères fontaines
comme les seins des femmes
des pères qui jamais ne bifurquent
ils tendent la main
attentifs
ils tendent l'épaule
deviennent soudain ventre accueillant
prêts à refaire avec nous
pas à pas
le chemin de l'enfance

il est des pères éléphants
des pères cathédrales
des pères oiseaux-mouches
il est des pères tout court
qui aiment
pleurent
meurent
et puis s'en vont
comme un songe enjambant
les fenêtres closes

Poème de la chamelle rebelle

fontaine où tu as bu où tu t'abreuves jusqu'à
plus soif
chamelle qui t'a porté
à genoux se traîne
te porte encore
chamelle à genoux
entre mes bosses comme dans un couffin
je t'ai bercé
te berce encore
chair de ma chair de mon sang de mes eaux
je t'ai fait
toi qui bois mes soifs
qui te nourris de mes faims
chamelle aveugle je t'ai ouvert les yeux au
monde
à mon âme tu t'es agrippé
pour puiser la force du premier cri
mon cœur tu l'as pris
pour creuser la première joie
de mes racines tu es parti
puis
tu m'as garrottée
chèvre immolée
je piaffe en miettes
les pièces du rituel

Poème en détours
pour une passion avortée

je ne sais plus la taille de tes palmiers
ni reconnaître le souffle de l'alizé
sa course dans le ciel
son chant dans le feuillage
une branche frôle la toiture
tremblante je guette l'animal
qui cherche à entrer dans la case
faut-il te demander pardon ô, terre de ma mère
là où ses os reposent
faut-il t'arroser de ce qui me reste de larmes
je suis sourde à l'appel de ta chair
de ce qui reste de cette chair
de ce qui reste de lambeaux
mais il y a si longtemps que j'ai pleuré
je ne sais plus comment
agencer sur ma langue les syllabes de ton nom
je ne sais pas
je ne sais plus
ratatinée au plus profond de la souffrance
il fallait que je désapprenne à t'aimer
je suis là, le cœur las, le cœur vide
mes mains vides battent le vide
et mes yeux vides
ne savent plus la hauteur de tes palmiers
pourtant j'ai tant rêvé de toi
tellement eu besoin de toi

tant et tant de nuits tant et tant d'années
mais il fallait que je cesse de t'aimer
pour apprendre enfin toutes ces choses
ces détours indispensables
qui me permettent d'endormir l'exil
d'oublier la honte
de troquer ma faim
de toi
contre un flot de paroles
et tenter de bâtir un gîte
sur les décombres de ma passion
mais je veux croire
croire encore
que dans le chahut de la nuit
on arrive à réentendre
les accords des cris
sur le souffle lointain du tambour

PÉTAVY EN JANVIER

pour Marge, Klo, Mona, Lissa

seulement la mer
sa voix
comblait tous les espaces en elles

l'abandon avait l'allure d'un quatre mâts
quatre femmes
voiles déployées
cette terre qui court
loin dans leur sang

elles ont sculpté des rêves
compté des pierres
amassé des trésors
légères jusqu'au tréfonds des entrailles
elles causaient la nuit aux fantômes et à la lune

elles étaient reines
et capitaines

Et puis parfois quelquefois…

pour Marie-Carme

comme un bloc de granit
le silence
nul frémissement
nulle voix
nulle main
seulement la certitude profonde de la colère
et l'angoisse
ce froid dans la poitrine
et puis parfois
quelquefois
ce regard infiniment triste
d'où émerge la nostalgie
brutale
ce cri
qui jamais ne s'endort

Poème à mes fils

pour un vieux nègre et en souvenir de Katrina

sans grandes pompes
nous portons en terre nos amours défuntes
considérons le besoin de pain quotidien
comme une vanité dérisoire
nous qui venons d'un monde
où l'on apprend à ne pas être pour rester vivant
à respecter les décrets sans appels
de ceux qui chaque matin
envoient l'espoir à la potence

les jeux sont faits
ne parlons que de la pluie et du beau temps
des cochons
ivres de puissance
rouent de coups un nègre saoul
pour lui apprendre à n'être qu'un nègre
à coups de bottes flicardes
lui faire rendre âme et sang
parlons de la pluie et du beau temps
c'est rassurant

parlons du loft story dernier épisode
des ébats de Madonna
les cochons, soyez tranquilles,
n'iront point à l'abattoir
au pays de l'Oncle,
la peau de mille nègres

ne vaut pas la peau d'un cochon
portons en terre sans grandes pompes
les principes les croyances
sans grandes pompes sans larmes
à quoi bon
tout cela c'est comme les amours défuntes
les jeux sont faits

se prendre la tête pour quoi faire
un homme doit être un homme pas un nègre
et les cochons n'ont pas de compte à rendre
ils continueront à trimbaler
500 kilos de graisse de cochon par habitant
que les nègres se consolent
ils ont leur Condolezza

avez-vous vu ce nègre baignant dans son sang
il pleuvait du sang le temps était beau
sur les rives du Mississipi,
sur les trottoirs de la New-Orleans
madame Rice saura balayer tout cela
ce nègre est un homme ?
ce nègre ployant sous les coups de bottes
et qui barbote dans son sang
c'est un nègre, non pas un homme

il ne sait pas le pauvre nègre
que les cochons et les dogues
sont les ennemis des nègres
ceux qui font preuve de ce talent-là

demeurer vivants
ce talent-là
se tenir debout
sans aucun espace où s'imposer
sans aucun répit depuis la première nuit
sans aucune brèche
depuis l'enfance du monde

il ne sait pas
le pépé qu'on assassine
que de voir
simplement son visage noir
fait enrager les cochons
tout comme au temps jadis les dogues
Napoléon le savait
Rochambeau aussi
les capataz et les capos d'aujourd'hui le savent
quelque chose en eux se déchire
quelque chose en eux devient fou
quelque chose en eux
hurle à la mort à la vue d'un nègre

torrent dément
quelque chose se précipite
hier comme aujourd'hui
y a rien à faire rien à dire
parlons de la pluie et du beau temps
enterrons ces controverses
comme on enterre les amours défuntes
les nègres ont leur Condolezza

Pour toi et toi et toi et toi aussi

et pour Freddy Villanueva
assassiné dans un parc à Montréal-Nord par la police.
C'était un jour plein de lumière,
Freddy n'avait pas 20 ans.

personnage secondaire de ta propre existence
l'arbre arrimé aux entrailles de la terre
est plus libre que toi
je t'ai donné pour pays une terre
au nom étrange
aucune langue parlée par ses hommes
ne saura décliner tes songes
je t'ai condamné aux marges éternelles
au silence
à la déshérence
ta parole ne rejoindra que le cri des oiseaux
sans nid
tes clameurs n'effraieront que ta propre ombre
je t'ai donné pour pays
une terre qui maudit chacun de tes pas
la fraternité, tu sais,
c'est un mot pour faire beau
je ne pleure ne doute ni ne désespère
j'ouvre simplement les yeux
sur les chemins qu'il te faut parcourir
je vois les arbres plus libres que toi
mes entrailles vagissent

j'ai mis au monde un galérien

Gonaïves

plus que les souvenirs
des jours d'avant la mort
l'océan
et sa chanson douce
l'océan
et le vide

vide les barques qui reviennent
portées par le vent qui brasse le vide

vide l'espérance
et les cases vides des pêcheurs
avec leurs mains vides

et les yeux des enfants
pleins au ras des paupières
de l'horreur d'un monde
vide de toute compassion

plus rien ici que ce qui fut
et le ciel
pour accueillir les rancœurs
de ceux qui n'ont plus la force de crier

plus rien ici
que les âmes sans repos
des morts
celles que l'on tente d'enfouir
sous les dalles du temps

les paradis sont désormais
des maisons pour les morts

je voudrais tant écrire une autre histoire
déchirer le voile noir de la nuit
trouver une route au bout de la nuit

mais il n'y a plus rien ici
rien que la nuit sans fin

et le grand soleil nu
dans l'immensité vide du ciel

Cité soleil

les petites filles tournent dans la ronde
l'enfance cet appel au bonheur
peut-être le chant d'un oiseau

le vent accueille leurs mots
qui s'égrènent
comme un fol amour

les petites filles carillonnent
elles ne sont plus
peut-être plus
de la cohorte des sans voix

la ronde soudain
rejoint l'éternelle querelle
des quatre coins cardinaux
les frayeurs accourent
les mots perdent la tête

sous ses talons de pierre
l'angoisse
fracasse l'enfance
et le chant
et l'oiseau
et l'appel au bonheur

le regard effaré
soudain
les fillettes rejoignent la souffrance
ce soir

elles tisseront des linceuls pour les morts
et rêveront de coquelicots fanés

Poèmes de mon miroir

elle rêvait d'accueillir le monde dans ses bras
de trouver un sens à la folie
de comprendre le langage des hommes
à trente ans
son visage adopta la couleur des cendres
et son cœur
s'est mis à sonner telle une coque vide

ma grand-mère ne parlait jamais
de la pluie ni du beau temps
elle ne contait jamais d'histoire
à travers ses lèvres closes
le silence filtrait vacarme
le silence montait
gros nuage noir
comme un orage
marée vorace
le silence
telle une éponge
absorbait jusqu'à plus soif
angoisses
tristesses
et toutes les aubes détournées
ma grand-mère portait silence
comme on porte un enfant

affolant silence
où l'espoir se consomme comme du bois mort

toute ardeur dissipée
tout sentiment au pilori

c'est notre vision des choses
disent-ils

la conviction
n'est qu'une croyance vague

Sisyphe

le gosier digne
boire la honte et la brûlure

habiter la douleur
faire corps avec elle
ne pas hurler

enjamber les fleuves en crue
garder les pieds secs

atteindre cet espace où
les plus ardentes souffrances
deviennent images lointaines

et survivre à tous les désarrois

Poème sans âge

je suis de celles qui voyagent
comme on roule
un grain de sable sous les doigts

je suis de celles
à qui l'on tend
pour la soif
une goutte de pluie
acide

j'ai vu le jour dans la casaque du chaos
le silence était mon berceau
suaire
impitoyable
silence
telle la pierre

tous les sentiers du marronnage
reconnaissent mes empreintes
les halliers de la vie
gardent des lambeaux de ma chair

bien avant mon premier sanglot
j'ai cavalé tous les chemins
escaladé les murailles
basculé les gouffres

et à l'âge où l'enfant tète encore la nourrice
le feu au ventre

sur les volcans
moi je dansais

pourtant... pourtant il m'arrive
de me prendre pour un oiseau

tel un oiseau
dans une joie sauvage
je bats des ailes
à la rencontre d'un abreuvoir

les ailes gorgées de soifs
ivre
je plane
et fends le vent

tandis qu'au loin
l'oasis grince des dents
éclate de son rire jaune
tel un malentendu

grain de sable ou de poussière
au bout des doigts
les tempêtes m'ont ballottée
malmenée
déboussolée
j'ai survécu aux tourmentes
allez savoir comment
j'ai parcouru tant de contrées
appris tant de langages
et tenté l'aventure du monde

tel un oiseau
les plumes ivres de vent
les ailes gorgées de soif
je me suis élancée
mais je me suis heurtée
au dais

sous le dais
je les ai vus
poings levés à crever le ciel

sous le dais ils clament
nous sommes et serons toujours les premiers

sous le dais ils se tiennent
convaincus de tout
d'hier et de demain
de demain
surtout

ils sont là
visages fermés
sous le dais
torses bombés
caparaçonnés
déchaînés

et moi
oiseau rêveur
obstinément
je rêve du ciel

mais
le ciel leur appartient
et la mer
et la terre
et tout ce qu'ils contiennent
dessus
dessous
partout

oiseau têtu
j'aspire à l'horizon
mais
dans leurs poches se trouvent toutes les clés

car ils savent

aussi

ils savent

frapper du poing
taper du pied
marteler
exiger
écraser
déposséder
démanteler
dépouiller
déclencher les ouragans
vider les océans
faire jaillir les éclairs

forcer le tonnerre à gronder
les volcans
à ravaler leur colère

ils savent
aussi
ils savent
forcer les hommes à s'agenouiller
planter des monstres dans le sein des femmes
changer le lait
l'eau des rivières en sang

ils savent surtout
sur tout
et partout
imposer le silence

tandis que sous leurs langues agiles
le pain se fait boniment

oiseau atteint de folie douce
irrésistiblement
je guette le ciel

tandis que là-haut ils crachent le feu
car ils savent
ils savent
aussi
ré in ven ter la vie

qu'ils disent
et surtout

sur tout
ils sont les premiers
et ouvrent la marche

oiseau têtu
les plumes gorgées de vent
le regard plein d'étonnement
j'ai découvert

aussi
sous le dais
ceux qui portent le dais
sous lequel sont assis les premiers
qui ne portent rien

le regard laiteux
ils portent aussi l'encensoir
le pas lourd
dans la fumée béatifique
le pas lourd
ils vont de biais
tétanisés
sans regrets ni états d'âme
sans nostalgie ni questionnement

ils portent le dais
sous lequel se trouvent les premiers
qui eux ne portent rien

c'est tout

j'ai découvert aussi
qu'il y a les autres
les collatéraux

collatéraux comme moi
qui ne portent que l'espoir

et la casaque du mépris
et les tenailles de la faim

collatéraux comme toi, ma fille, mon enfant
fruit du hasard

collatéral comme toi,
mon fils, mon enfant collatéral
mon enfant du hasard, toi que j'aime tant

le hasard
c'est naturel
l'amour aussi

à quoi rêvons-nous
cohorte d'oiseaux collatéraux
de paix tiède sans doute
comme d'un fauteuil accueillant

mais à quoi rêvent les oiseaux sans cervelle ?
à une tranche de bon pain frais
pour calmer la faim
là dans le ventre

omniprésente faim
sans cesse ravalée

faim sans cesse tue
à coups de promesses
à coups de triques
faim sans cesse reportée
dénoncée
faim de tout

faim de vie

rêve pour les oiseaux sourds-muets
espoir pour les affamés

collatéraux comme moi
qui cherchent où se caler
où poser le regard
et qui découvrent comme moi
que

même les poètes savent mentir
et
peuvent muer

pour trouver leur place sous le dais
aussi
et cheminer en silence
avec le silence
dans le silence
qui ferme la marche
silence imposant
qui boucle tout
silence ineffable

qui bouche tout
à double tour
toutes les avenues
à double tour
toutes les issues
même les égouts
silence !
lèvres crispées
silence !
lèvres scellées

oiseaux muets
dans un monde sans voix
au temps des chairs sans mémoire
des âmes hors d'atteinte

temps sans énigmes
sans une once de mystère

ô temps...

les cicatrices même ont perdu tout souvenir
temps sans dieux sans lumière ni résonances
inexorable temps
recueille mon soliloque

dis-moi
par quoi
j'existe

Poème pour la rue des saules

c'est une rue sans issue
elle est bordée de saules pleureurs
l'été, dans le bonheur étale du soleil
les branches vagabondent
langoureuses
elles raclent le sol
en longues et innocentes caresses
mais quand
au cœur de l'hiver
le vent déploie sa voix lointaine
et s'engouffre dans le silence
les branches gémissent
s'agenouillent
sans espoir ni désespoir
pour une dernière prière
les bras en croix

Poème infini

la mer s'étalait
léchait et mordillait la grève
dans la mémoire du sable
du bec et des ongles
mouettes et goélands écrivaient
et défendaient leurs songes
nous étions seuls
ô combien seuls
le monde n'était pas là
il gisait
ailleurs
quelque part
loin de nous

sur la grève
seuls
avec les mouettes
les goélands
leurs songes rebelles et le sable
autour de nous
sous nos pas
partout
infini
tel un mystère
tel ce besoin de toi

Poème pour les mains qui s'éloigneront un jour

tes mains exultaient
dessinaient des jardins
pour mes yeux seuls
tes mains traçaient des sentiers
que mes pieds seuls
parcouraient
le bonheur dans tes mains
au creux de tes mains
montait de tes mains
telle une courtepointe
je faisais chaque jour
l'inventaire des pièces
cette vérité était la mienne
vérité pour moi seule
tu jouais les démiurges
l'amour était mon seul alibi
dessinés par tes mains
les jardins semblaient d'éternité

Poème pour dire simplement l'automne

dur et tranchant comme un couteau
déjà le froid entre les draps
nous n'aurons le temps ni pour la guerre
ni pour l'amour
le désir campera sur le pas de la porte
la souffrance gardera ses lèvres closes
dans les marges même
rien à inscrire

je m'étais engouffrée
dans ta vie comme un grand vent
naufragé tu m'avais rejoint
comme on rejoint le radeau
mais ce n'était que le vent
et son tumulte
tumulte du vent froid du silence
lumière indigente cette simili tendresse
abri précaire contre l'aporie

toujours un livre au bout de chaque histoire
une histoire pour chaque frémissement
chaque tumulte, chaque mensonge
mon livre à moi
quelques pages trop tôt vieillies
défleuraison d'un songe

que reste-t-il
quand tout se défait
comme neige au mois de mai

il fait en moi c'est malgré moi
un temps de pagaille comme au dehors
tu vois
c'est à cause du froid
tout ce froid
comme un couteau
dur et tranchant
dissimulé entre les plis des draps

il fait un temps de promesses invalides
c'est peut-être l'automne
grand châle de nostalgie
étendu sur les fenêtres
pour effaroucher les oiseaux

nous aurons prétendu à l'éblouissement
à la magie fugace des corps
qui tâtonnent
espèrent se reconnaître

les draps n'ont pas été défaits
les draps ne seront pas défaits
déjà l'inventaire
le froid sans retour
l'amour demeurera cet étranger qui frappe
personne ne l'entend

pourtant l'amour a sa propre mémoire
et ce temps
délite nos langages
complique les gestes les plus simples

il emprunte l'air craintif
des feuilles recroquevillées
qui crissent douloureusement sous les talons
avant de mourir

Poème pour hier

et quand
dans la touffeur de la nuit
doucement
doucement
tes mains épelaient mon corps
tes mains
tièdes
comme les ailes d'un oiseau
ton corps
à l'affût de la brèche
ton corps ignorait le mensonge

Poème pour ce rêve au sortir de l'enfance

en ce temps-là
l'amour se lisait comme une énigme
les mots si obscurs
souvent bêtes
les mots tellement creux
ou absents
les gestes
nos gestes
tellement gauches

nous étions à la lisière de l'enfance

nos longs silences
tes soupirs
mes rires
tes gestes
bourgeons naissants
et ce feu entre nous
tout près de nous
le feu
entre nous deux
le feu
ce rêve interdit
nous brûlait le sang

aujourd'hui
le cœur battant
la folie dans les tempes

le ressac te surprend
cette nuit
tu compteras les secondes
au ras des veines
la douleur t'habitera
tu halèteras
tu me chercheras
tes mains lacèreront mon absence

demain
je partirai
tes paupières libérées
ta gorge aussi
tu retrouveras l'autre
à tes côtés
l'autre
ses côtes froides
comme une morte
choisie de sang-froid

à l'aube
douleur immense
ton cœur battra tout seul
toi seul l'entendras
triste naufrage
en elle
tu me chercheras
moi, l'interdite de sang-froid
malgré le feu
moi, d'éternité et d'infini

grâce au feu
entre nous

feu
pour l'éternité
feu entre nous
feu délaissé
inextinguible
feu
feu
entre nous
spasme et douleur
autour de nous
feu
de la tête aux pieds
feu
regrets
feu
tourments
feu
ton regard
ô, ton regard ce jour-là
inexorable ondée pour ma soif
abolit le temps

aujourd'hui
nous sommes encore
à la lisière de l'enfance

Poème à la pluie

le vent défait la chevelure des nuages
la terre s'ouvre ardente
elle ne connaît ni haine ni mensonges
la marée monte fulgurante
crête sauvage
la pluie chante ses prières
rend la terre à la vie
paumes grandes ouvertes
le vent multiplie la chair de la terre
la marée monte fulgurante
ô, miracle renouvelé

Ce fleuve entre elle et nous

écrit en pensant à Marie Uguay

plus lointaine
que toutes les poupées de notre enfance
plus proche qu'un frisson sous la peau
la voilà toute à nous
vestale
gardienne d'une flamme
pour entonner le chant du monde
dire les fleurs l'amour
les pluies d'été leurs chansons gaies

sa langue est ferveur
sa langue est vigie
elle sait reconnaître
avant toutes choses
des mots
la musique
l'hymne au désir
à l'amour

la voilà toute à nous
et nos mots semblent
dérisoires et impuissants
a dire l'absence

alors on dit
on se dit peut-être
peut-être

fut-elle
simplement
ombre rassurante
simple mirage
musique incertaine

plus proche qu'un frisson sous la peau
la voilà toute à nous
que savons-nous
des ouragans
auxquels elle a survécu
nous ignorons tout
des archipels où elle prenait refuge
quand l'effrayait
le frou-frou des libellules

voulait-elle être femme
et refuser
d'être sauvée
sans doute
disons-nous
devait-elle craindre les sigisbées
les chasseurs
les magiciens
et tout leur attirail
sans doute leur préférait-elle
simplement
les hommes
sans bataclans
ceux de basalte

sourciers infatigables
ainsi les aimait-elle
sans doute
ceux des faims innommables
qui mangent à pleines mains
le regard dans la lumière

dites
à quelle fontaine
étanchait-elle
ses soifs
qui lui tendait
la gourde
et tapissait le nid
pour lui dire simplement
abrite-toi
abrite-toi sans crainte
je ne sais pas tendre des pièges

a-t-elle parcouru la vie sans chaînes
lui a-t-elle appartenu
sans retenue
savait-elle être équilibriste
et tomber
tomber toute entière
et se relever
pour ne pas s'en aller en lambeaux

aussi proche de nous qu'un frisson sous la peau
comment combler pourtant tous ces fossés

se frayer un passage
jusqu'à elle

les regrets
seront toujours
ce fleuve
entre elle
et nous

avait-elle ce regard d'océan apaisé
sans cette pointe de granit
que le temps
abandonne
dans les pupilles

affichait-elle
le sourire radieux
de ceux
que le soleil
éclaire
par en dedans

que savons-nous
de tout ce qu'elle aimait

humer le parfum
du linge séché cassé par le soleil
rencontre de la peau
avec chaque brin d'herbe
la dérive des nuages
dans la chaleur

soufflée par la terre
à midi
et puis le soir
l'oraison des arbres
qui recommencent à respirer
mais aussi
la nuit
la folie des vents
qui brassent
leur mémoire impétueuse et insoumise
avait-elle appris ce langage de la nuit, la langue
des orages, celle des brisants

avait-elle la joie éphémère
interpellait-elle le vent
riait-elle
ainsi que le coquelicot à l'heure de midi
les moineaux
seuls
acceptaient-ils
son amitié
combien de fois
a-t-elle été
dépossédée
quelle pythonisse
quel devin
nous la dira

comment vivre l'intensité de son feu
feu sacré

qui parfois
commandait
implorait quelquefois
souvent
brûlait
toujours
brûle
encore
brûle
toujours

qui aurait pu
annoncer
la corde usée
la corde tendue
le bris
d'aile

où est-elle
qu'est-elle devenue

cliquetis des feuilles dans le vent
promesse d'aurore
songe perdu dans un voilage
qui gonfle à la fenêtre
légende à transmettre de bouche à bouche
de cœur à cœur

brouillard
poussière de lune
œil ouvert dans le firmament

parfum de frangipanier
ruisseau cheminant au milieu du bosquet
où est-elle aujourd'hui

si proche de nous
tel un frisson sous la peau

saurons-nous dire si elle est partie
l'enfance plein le cœur
plein les yeux
plein le rire

tout ce que nous savons
c'est qu'elle avait encore
c'est sûr

elle avait encore
ce regard

étonné sur la vie

et si
et si
tout commençait pour

elle

par ce grand
voyage ?

(Pour la nuit de la poésie Marie Uguay, septembre 2005)

Nomadi

la chanson disait l'Italie
soudain revenait un songe égaré
ils découvraient des sentiers inexplorés
l'oiseau bienveillant
taquinait l'enfance
elle arrivait rieuse
leur rappelait
qu'ils étaient
vivants

les rêves affluaient
pour conspuer la douleur
dire l'amour
le nommer
ils savaient bien sûr
ils savaient
qu'il est tout pareil
tout partout
mais il y a
des cieux
où le rêve
jamais
ne trahit

Piazza San Marco
ils accueillaient l'offrande bleu du ciel
elle buvait le soleil à la coupe de ses lèvres
il l'avait baptisée Étoile

sa voix était douce quoique incertaine
son cœur tressaillait sous une petite robe de baptiste
baptiste ou mousseline
son cœur perdait le nord
quand elle entendait :
Stella, sempre piu bella !
dans sa robe de baptiste sous le soleil
Piazza San Marco
elle voulait être
une fleur ressuscitée

Firenze
ils avaient tressé des couronnes
avec des lauriers roses
et blancs
les grenadiers offraient leurs fruits
elle avait inventé pour lui seul une danse sous la pluie
Bologna et Modena
les maisons en ruines étaient des châteaux
ils achetaient sans marchander
leurs soupirs effarouchaient les oiseaux
qui y trouvaient refuge

là
ils réinventaient
l'amour
et même l'insoutenable folie des pigeons
ressemblait à la tendresse

puis les dieux leur ont donné Venezia
Venise
ses gondoles
les chansons tristes des gondoliers
leurs yeux s'extasiaient
ils confondaient tous les noms
dans le dit de ce qui ne se dit pas
ils avaient trouvé le chemin neuf

c'est une chanson qui dit l'Italie
elle semblait n'avoir que quelques mots
juste assez pour bâtir un rêve
amore
domani
nostalgia
lontananza

ses lèvres avaient le poids des chairs épanouies
à cause d'elles
il avait oublié toutes ses guerres
oublié le temps et ses griffures
pour remonter aux premiers émois
Milano
les rues grouillantes de monde
étaient des jardins solitaires
habités seulement par leurs rires
puis ils ont légué leur cœur
au ciel de Gallipoli
et depuis
Gallipoli oui

depuis
toutes les rues de toutes les villes
mènent vers une gare déserte
où il la guette où elle le cherche

(Causapscal, avril 2009)

Poème pour mon âme

refus des verdicts
je cherche et trouverai la source
j'ouvrirai ce livre d'hier
sera mien tout ce qui s'y trouve

longtemps j'ai confondu
les grincements des cités de béton
aux murmures des herbes de la savane

j'ai réinventé l'ordonnancement des matins
j'ai renommé le vent les fleuves le soleil
dressé la liste des mystères
emprunté les raccourcis
les voies détournées
mon cri hélas était rauque
quand j'ai hurlé
j'ai passé la barre

dans la file des pèlerins éternels
je titube
je ne suis pas destinée
aux terres qui nous habitent
le temps d'une passade
terres des songes éphémères
rivages aux fenêtres closes

je plaide savez-vous pour cette terre
où le vent ne craint pas
de faire danser les jupons malmenés

celle où les seins fanés s'étaleront
dans leur ultime joie

je revendique, entendez-vous
la terre où ma peau de nuit
flagelle sans pitié son ombre
terre mienne dépouillée
et son indéracinable espoir

viendra le temps de reprendre mon baluchon
l'enfance se dénoue en moi
il se fraye déjà un passage vague intense
me voilà sans recours l'enfance tempête
fenêtre ouverte orage tornade
l'enfance aspire avale brasse recrache

ni miroir trompeur ni espoir informe
enfance
enfance nue
s'unit au ciel à la mer à la fantaisie des légendes
enfance ô mon port d'attache
aile du vent
magie du songe
ô mon enfance
vient le temps des dernières envolées
ce temps où l'on dépose les armes
recueille-moi

Poème pour mon ombre

grises ou mordorées
quand autour des rêves
s'estompent les brumes
demeure le désenchantement

paumes vers le ciel affronter le renoncement

fais appel si le cœur t'en dit
aux diseuses de bonne aventure
supplie-les de te redire
l'éblouissement
les miracles
quémande les vertiges
face contre terre maudis le chant des sirènes

il y a un homme disent-elles toujours
qui vous regarde
qui nous regarde
l'amour est là
il était là
au début
il était

très tôt tu apprendras
ce poids de la soif
hydre d'eau douce à la chair amère
rocher informe
lourdement
au plus profond de toi

de matière vivante
très tôt tu seras
matière inerte
deviendras
d'un tout
deviendras
ne seras
que
plus que
rien que
fragments épars

le temps poursuit sa route
voyage interminable
nulle terre en vue

l'entêtement est souvent un ennemi tenace

réinvente si tu peux les premières lueurs
réapprend si tu veux le désir
mais surtout

invite ton ombre à te tenir compagnie

L'ouvrage *Et puis parfois quelquefois...*
de Marie-Célie Agnant
est composé en Arno Pro corps 11.5/14.

Il est imprimé sur du papier Rolland Enviro 100,
contenant 100%
de fibres recyclées postconsommation
en octobre 2009
au Québec (Canada)
par Transcontinental Métrolitho
pour le compte des éditions Mémoire d'encrier.